BEI GRIN MACHT SICH IHR WISSEN BEZAHLT

- Wir veröffentlichen Ihre Hausarbeit, Bachelor- und Masterarbeit
- Ihr eigenes eBook und Buch - weltweit in allen wichtigen Shops
- Verdienen Sie an jedem Verkauf

Jetzt bei www.GRIN.com hochladen und kostenlos publizieren

Bibliografische Information der Deutschen Nationalbibliothek:

Die Deutsche Bibliothek verzeichnet diese Publikation in der Deutschen Nationalbibliografie; detaillierte bibliografische Daten sind im Internet über http://dnb.d-nb.de/ abrufbar.

Dieses Werk sowie alle darin enthaltenen einzelnen Beiträge und Abbildungen sind urheberrechtlich geschützt. Jede Verwertung, die nicht ausdrücklich vom Urheberrechtsschutz zugelassen ist, bedarf der vorherigen Zustimmung des Verlages. Das gilt insbesondere für Vervielfältigungen, Bearbeitungen, Übersetzungen, Mikroverfilmungen, Auswertungen durch Datenbanken und für die Einspeicherung und Verarbeitung in elektronische Systeme. Alle Rechte, auch die des auszugsweisen Nachdrucks, der fotomechanischen Wiedergabe (einschließlich Mikrokopie) sowie der Auswertung durch Datenbanken oder ähnliche Einrichtungen, vorbehalten.

Impressum:

Copyright © 2017 GRIN Verlag
Druck und Bindung: Books on Demand GmbH, Norderstedt Germany
ISBN: 9783668638259

Dieses Buch bei GRIN:

https://www.grin.com/document/412463

Anonym

Wochenplanarbeit im Grundschulunterricht

GRIN Verlag

GRIN - Your knowledge has value

Der GRIN Verlag publiziert seit 1998 wissenschaftliche Arbeiten von Studenten, Hochschullehrern und anderen Akademikern als eBook und gedrucktes Buch. Die Verlagswebsite www.grin.com ist die ideale Plattform zur Veröffentlichung von Hausarbeiten, Abschlussarbeiten, wissenschaftlichen Aufsätzen, Dissertationen und Fachbüchern.

Besuchen Sie uns im Internet:

http://www.grin.com/

http://www.facebook.com/grincom

http://www.twitter.com/grin_com

Inhalt

1. Einleitung 2
2. Ansprüche an den Grundschulunterricht 2
3. Was ist Wochenplanarbeit? 3
4. Merkmale von Wochenplanaufgaben 3
5. Gelingensbedingungen für die Wochenplanarbeit 5
6. Möglichkeiten der Kontrolle 6
6.1 Fremdkontrolle 6
6.2 Selbstkontrolle 7
7. Eine Begründung für Wochenplanarbeit 8
8. Wie sehen Kinder die Wochenplanarbeit? 8
9. Fazit 9
10. Literaturverzeichnis 10
11. Abbildungsverzeichnis 10

1. Einleitung

In einer Gesellschaft, die unzählige Anforderungen und Erwartungen an ihre Mitglieder heranträgt, ist eine gelungene Persönlichkeitsentwicklung die Voraussetzung, um auf allen Ebenen erfolgreich zu sein. Wolfgang Klafki erläuterte, dass Bildung weniger die Aneignung von Inhalten, sondern viel mehr die Entwicklung von körperlichen, seelischen und geistigen Kräften sei. In seinem Bildungskonzept von 1991 rückt er die Selbstbestimmungs- und Mitbestimmungsfähigkeit in den Mittelpunkt. Er forderte eine Bildung für alle, die kognitive, soziale und ästhetische Dimensionen beinhaltet (vgl. Klafki, 1991, S. 52 ff.).

Infolgedessen ist die Forderung nach Selbstständigkeit so groß wie nie. Die Behauptung, Schüler würden in ihrer Schullaufbahn kaum selbstständig arbeiten, hält sich stark. In dieser wissenschaftlichen Ausarbeitung soll gezeigt werden, wie Wochenplanarbeit in der Grundschule die Schüler bereits in einem jungen Alter an eine selbstständige Arbeitsweise heranführen kann. Zunächst wird erläutert, was Wochenplanarbeit konkret bedeutet. Es wird auf die spezifischen Aufgaben im Wochenplan und ihre Anforderungen eingegangen. Darauf folgen die Voraussetzungen für eine erfolgreiche Arbeit mit dem Wochenplan. Anschließend werden die Kontrollmöglichkeiten näher betrachtet, gefolgt von einer Begründung für die Wochenplanarbeit. Im nächsten Schritt wird exemplarisch dargestellt, wie die Wochenplanarbeit von den Schülern gesehen wird. Ein Fazit, in welchem zusammenfassend erläutert wird, wie förderlich die Wochenplanarbeit für die Selbstständigkeit der Schüler ist, rundet diese Ausarbeitung ab.

2. Ansprüche an den Grundschulunterricht

An den heutigen Grundschulunterricht werden verschiedene Anforderungen gestellt. Im Folgenden werden einige dieser Anforderungen vorgestellt. Claussen (1993, S.54) formulierte, dass Unterricht „binnendifferenziert und zieldifferenziert" sein soll. Kennzeichnend sind die Forderungen nach einem individualisierten Unterricht einerseits, andererseits sollen „gemeinsame Unterrichtsfelder (z.B. Projekte) mit unterschiedlichen Zugängen, Lernwegen und –ergebnissen" (Claussen, 1993, S.54) abgedeckt werden. Das Lernen soll selbstständig durch die aktive Auseinandersetzung mit den Unterrichtsmaterialien erfolgen. Infolgedessen soll Frontalunterricht auf das notwendige Minimum reduziert werden (vgl. Claussen, 1993, S. 54).

3. Was ist Wochenplanarbeit?

Ein Wochenplan ist ein schriftlicher Plan, welcher Aufgaben aus unterschiedlichen Fächern enthält. Diese werden in einer festgelegten Zeitspanne bearbeitet. Im Wochenplan finden sich entsprechende Verweise auf Materialien, wie Textbuch und Arbeitsblatt zu den einzelnen Aufgaben. Zunächst erhält jedes Kind denselben Plan, die Individualisierung erfolgt durch die individuelle Bearbeitung des Wochenplans. Betont werden muss auch die selbstständige Umgangsweise mit dem Wochenplan. Die Schüler entscheiden selbst, ob und von wem sie Hilfestellungen beanspruchen. Somit tritt die Lehrperson in den Hintergrund. Der Wochenplan kann Anweisungen bezüglich der Sozialform enthalten. Andernfalls können die Schüler zwischen Einzel-, Partner- und Gruppenarbeit frei wählen. Die Schüler haben einen vorgegebenen Zeitraum für die Bearbeitung der Aufgaben Zeit. Sie sind also selbst für die erfolgreiche Zeiteinteilung verantwortlich. Auch die Reihenfolge, in der die Aufgaben bearbeitet werden, ist jedem Schüler selbst überlassen (vgl. Claussen, 1993, S. 54 f.).

Zu Beginn werden die Wochenpläne von der Lehrperson erstellt. Im weiteren Verlauf sollen die Schüler durch Einbringung ihrer eigenen Ideen und Anregungen an der Erstellung mitwirken (vgl. Claussen, 1993, S. 54 f.).

4. Merkmale von Wochenplanaufgaben

Die Aufgaben, welche im Wochenplan enthalten sind, weisen bestimmte Merkmale und Kriterien auf. Diese werden im Folgenden näher beschrieben. Abschließend wird ein realer Wochenplan veranschaulicht.

Die Bearbeitung der Wochenplan Aufgaben soll selbstständig erfolgen. Somit müssen die Aufgaben so konzipiert sein, dass sie keiner Erklärung oder Arbeitsanweisung der Lehrperson bedürfen. Sollten die Schüler allerdings Hilfestellungen benötigen holen sie sich diese selbstständig bei Mitschülern oder der Lehrperson ein. Vorausgesetzt wird, dass die Schüler über die benötigten Fähigkeiten für die Bearbeitung und der Erklärung verfügen. Diese sollten in den vorangegangenen Unterrichtsstunden, auf welche der Wochenplan aufbaut, vermittelt worden sein. Um dies zu überprüfen können die Aufgaben im Wochenplan unterschiedliche Schwierigkeitsgrade bedienen. Außerdem kommt neben jede Aufgabe ein Kästchen, welches der Schüler ankreuzen kann, sobald die Aufgabe bearbeitet wurde (vgl. Jürgens, 1993, S. 49 ff.).

Zunächst gibt es die Kategorie der einfachen Übungen. Diese verlangen eine Reproduktion des bereits Gelernten, wie beispielsweise eine Grammatikregel. Durch die Reproduktion soll sich das Gelernte festigen. Ein nächster Schritt ist die Übertragung und

Anwendung. Durch diese Art von Übungen soll erreicht werden, dass die Schüler das bereits Gelernte und Reproduzierte in neuen Kontexten anwenden. Beispielsweise muss geprüft werden, ob die zuvor erlernte Grammatikregel im konkreten Fall anwendbar ist. Wichtig ist „den Anwendungsbereich von Kenntnissen konkret zu prüfen und erfahrbar zu machen." (Huschke/Mangelsdorf, 1994, S. 50). Um Probleme selbstständig zu lösen dient die letzte und auch anspruchsvollste Kategorie. Kennzeichnend für diese Aufgaben ist, dass die Schüler sich alle Informationen zum Lösen der Aufgabe selbst beschaffen. Es kann sich um die Durchführung eines Experimentes oder auch das Schreiben einer Geschichte handeln.

Ein weiteres Kriterium für Wochenplan Aufgaben ist die Unterscheidung in nachbereitende, vorbereitende und selbstständige Aufgaben. Nachbereitende Aufgaben greifen vorangegangene Unterrichtsstunden auf, um diese auszuweiten und zu verallgemeinern. Die Schüler sollen sich differenzierter mit dem Thema auseinandersetzen. Bei vorbereitenden Aufgaben entdecken die Schüler ein neues Thema. Mit Hilfe von selbst entwickelten Fragen sollen sie selbstständig nach Informationen über das neue Thema suchen. Anzumerken ist, dass vorbereitende Aufgaben der weiteren Klärung in einer nachfolgenden Unterrichtsstunde bedürfen. Durch die erste Auseinandersetzung mit etwas Neuem können die Schüler sich besser am Unterrichtsgespräch beteiligen. Ihnen wird die Möglichkeit der Meinungsbildung geboten. Besonders schüchterne und zurückhaltende Schüler profitieren von dieser Methode (Huschke/Mangelsdorf, 1994, S. 51 f.).

Des Weiteren können alle Arten von Aufgaben in ihrer Pflicht unterschieden werden. Im Wochenplan können Pflichtaufgaben, welche von allen Schülern bearbeitet werden müssen, enthalten sein. Es besteht aber auch die Möglichkeit, gemeinsam mit den Schülern Wahlpflichtaufgaben zu gestalten, so dass die Schüler zwischen einer Anzahl an Aufgaben aus unterschiedlichen Blöcken frei wählen können (vgl. Jürgens, 1993, S.48). Bei der Erstellung der Aufgaben ist die Orientierung am Lernziel von zentraler Bedeutung. Die Wochenplanarbeit verfolgt als weiteres Ziel „die Schüler zu einem lernzielorientierten Denken und Planen zu führen" (Landwehr et al., 1998, S. 24). Damit die Schüler dieses Ziel erreichen, muss auch die Lehrkraft lernzielorientiert die Aufgaben erstellen.

Wochenplan vom 10.10. bis 14.10.2011

Lernbereich	Was?	Aufgaben	Wie?	Fertig
		Name:		
		Lesen Lesetürme 1 - 10		☐
		Rechenraupen Rechne 15 Minuten!		☐
Computer		Konstantin Bearbeite 5 Karten		☐
		Schreibe in dein Lerntagebuch! Leichtes & Schwieriges		☐
		Schau genau! Arbeite 20 Minuten mit den Kamelen		☐

(Abbildung 1)

5. Gelingensbedingungen für die Wochenplanarbeit

Damit die Wochenplanarbeit erfolgreich durchgeführt werden kann, müssen bestimmte Voraussetzungen erfüllt sein.

Die Lehrperson muss die Möglichkeiten der Sozialformen bedenken. Diese sollten abwechslungsreich sein. Für Gruppenarbeiten sollte ausreichend Platz geschaffen werden (vgl. Claussen, 1993, S. 55).

Da Wochenplanarbeit einen hohen Materialaufwand erfordert, werden im Klassenraum Regale benötigt. In diesen können Materialien ausgelegt werden, welche die Schüler selbstständig benutzen können. Auch die vielfältigen Lernmittel sollen hier ihren Platz finden. Betont werden muss auch, dass die Materialien übersichtlich und nach ihrem jeweiligen Fachbereich geordnet sein sollen, damit weder Schüler noch Lehrperson den Überblick verlieren. Der Klassenraum kann in verschiedene Funktionsbereiche unterteilt werden; beispielsweise in eine Bücherecke, einen Gruppentisch, Leseecke, Spielecke und Präsentiertisch. Die Schüler können die Wände mit ihren erstellten Kunstwerken verzieren. Auf den Fensterbänken können Pflanzen deponiert werden. Dadurch wird eine anregende Lernlandschaft kreiert, welche die Schüler mitbestimmen können. Aufgabe des Lehrers ist es außerdem, die Materialien für die Wochenplanarbeit regelmäßig zu aktualisieren und zu prüfen, ob sie weiterhin ansprechend sind und motivierend wirken. Möglich ist es auch, einige Materialien gemeinsam mit den Schülern herzustellen (vgl. Claussen, 1993, S. 54 ff.).

Bei der Materialauswahl ist darauf zu achten, dass die Schüler selbst in der Lage sein sollen, diese zu erklären und diese zu kontrollieren. Diese Anforderungen werden von Arbeitsblättern, Lernkarteien und Lernspielen erfüllt. Damit die Schüler selbst einen Überblick behalten, sollte jedes Material einem Lernschwerpunkt zuzuordnen sein. Weiterhin sollten die Materialien sich in ihren Schwierigkeitsgraden unterscheiden (vgl. Jürgens, 1993, S. 49 f.).

Um die Lernentwicklungen gezielt festzuhalten, empfehlen sich klasseneigene Materialien, da sie „in einem für Kinder erkennbaren Sinnzusammenhang aus ihrem Erfahrungsbereich stehen" (Claussen, 1993, S. 70).

6. Möglichkeiten der Kontrolle

Für die Wochenplanarbeit stehen unterschiedliche Wege der Kontrolle zur Verfügung. Um das selbstständige Arbeiten weiterhin zu fördern, muss die Möglichkeit der Selbstkontrolle gegeben sein. Dennoch ist die Lehrkraft in der Pflicht, eine Übersicht über die Lernprozesse zu besitzen. Wochenplanarbeit setzt zwar Fremdkontrolle voraus, zielt aber weiterhin auf die Selbstkontrolle durch die Schüler (vgl. Landwehr et al., 1998, S. 38).

6.1 Fremdkontrolle

Aufgrund der multidimensionalen Arbeitsweise in der Wochenplanarbeit ist die Kontrolle sehr arbeitsintensiv. Um weitere Aufgaben planen zu können, müssen vorherige Aufgaben ausgewertet und auch kontrolliert werden. Die gewonnene Übersicht gilt als Grundlage für die Bildung der Noten am Ende des Schulhalbjahres.

Damit der individuelle Bearbeitungsstand ersichtlich wird, ist es sinnvoll, dass jeder Schüler in einer Liste festhält welche Aufgaben bearbeitet wurden. Wie zuvor bereits erwähnt, können gemeinsam mit den Schülern Pflicht- und Wahlpflichtaufgaben erstellt werden. Der Unterrichtsstoff, der gemäß Lehrplan relevant ist, sollte in den Pflichtaufgaben enthalten sein. Dadurch kann die Lehrperson bei einer Leistungskontrolle, beispielsweise in Form einer Klassenarbeit, diesen gezielt abfragen und erhält durch die Ergebnisse eine Rückmeldung über den Leistungsstand. Um den Lernprozess der Schüler anzuregen, ist es hilfreich, diesen zu reflektieren. Dazu halten die Schüler selbstständig fest, was für Aufgaben sie bearbeitet haben, wie viel Zeit sie benötigten, wie die Aufgaben kontrolliert wurden, ob sie Schwierigkeiten hatten und wie viele Fehler gemacht wurden. Für die Lehrperson ist die Reflexion insofern aussagestark, da die Schüler sich selbst einschätzen. Allgemein gilt für die Kontrolle in der Wochenplanarbeit, dass die Häufigkeit der Kontrolle lernförderlich sein soll. Kontrolliert die Lehrperson zu wenig, erhält sie einerseits keine Übersicht über den Leistungsstand. Andererseits erhalten aber auch die Schüler zu wenige Rückmeldungen über ihre erbrachten Leistungen. Nimmt die Lehrperson trotz des großen Aufwandes, der mit der Kontrolle verbunden ist, diese zu häufig vor, behindert dies das eigenständige Lernen der Schüler. Dadurch geht auch der Anreiz der gewissenhaften Selbstkontrolle und der Reflexion verloren. Werden in der Kontrolle Fehler aufgedeckt, kommt diesen eine bedeutsame Rolle zu. Fehler können auf ein vorhandenes Lerndefizit aufmerksam machen, oder auf die Tatsache hinweisen, dass das angestrebte Lernziel noch nicht erreicht wurde (vgl. Landwehr et al., 1998, S. 38 ff.).

6.2 Selbstkontrolle

Da die Wochenplanarbeit auf die Förderung der Selbstständigkeit zielt, empfiehlt es sich bei der Kontrolle das Verantwortungsbewusstsein der Schüler zu schärfen. Die Selbstkontrolle ermöglicht eine direkte Rückmeldung, ohne dass der Schüler darauf warten muss, dass der Lehrer eine Kontrolle durchführt. Mit der Fremdkontrolle wird oftmals Kritik verbunden, was bei der Selbstkontrolle wegfällt. Andererseits erleben die Schüler auch Erfolge durch die Selbstkontrolle. Dies lässt sich als Selbstbekräftigung charakterisieren, was „ein sehr wesentliches Merkmal der Fähigkeit zum selbstständigen Lernen" (Huschke/Mangelsdorf, 1994, S. 37) darstellt. Die Motivation durch Selbstkontrolle ist äußerst vielfältig. Einerseits motivieren sich die Schüler aufgrund ihrer Misserfolge selbst, das nächste Mal besser zu sein. Andererseits realisieren sie, dass sie positive Gefühle über Erfolge entwickeln, was sie ebenso anspornt, das nächste Mal eine gleichwertige Leistung zu erbringen (vgl. Huschke/Mangelsdorf, 1994, S. 37).

Die erfolgreiche Arbeit mit dem Wochenplan basiert auf der verantwortungsvollen Selbstkontrolle. Bei bestimmten Aufgabentypen, wie beispielsweise Puzzles oder auch Rechenaufgaben, ist die richtige Lösung sofort oder durch eine Probe ersichtlich. Da dies nicht bei allen Aufgaben der Fall ist, ist es wichtig, die Schüler an die eigenständige Selbstkontrolle heranzuführen. Dazu kann die Lehrkraft mit den Schülern gemeinsam eine Kontrolle durchführen und einzelne Schritte besprechen (vgl. Huschke/Mangelsdorf, 1994, S. 38).

7. Eine Begründung für Wochenplanarbeit

Traditionell ist die Gestaltung des Unterrichts kaum schülerzentriert. Im Frontalunterricht sollen die Schüler wiedergeben, was sie zuvor gelernt haben. Die Schüler werden extrinsisch motiviert, sich in den Unterricht einzubringen. Ziel ist es, eine gute Note zu bekommen. Der Lehrer bestimmt sowohl das Thema als auch die Unterrichtsmethode. Eine aktive Mitbestimmung durch die Schüler ist nicht vorgesehen. Am Ende der Unterrichtseinheit wird eine Klassenarbeit geschrieben. Es findet kaum eine individuelle Förderung oder Fehleranalyse statt. Im Gegensatz dazu beweist die Wochenplanarbeit, dass Schüler sich den Unterrichtsinhalt selbst konstruieren können. Sie können selbstständig Informationen heraussuchen, anwenden und verinnerlichen. Durch erzielte Erfolge werden die Schüler intrinsisch motiviert, weiterhin zu lernen. Die Schüler arbeiten selbstständig und entdecken dabei die Methodenvielfalt, die die Wochenplanarbeit zu bieten hat. Auch leistungsschwächere Schüler profitieren, da sie aufgrund der freien Zeiteinteilung keinen Zeitdruck erfahren. Weiterhin verhindert die Selbstkontrolle Kritik, so dass Fehler selbstständig verbessert werden können und an ihnen gelernt werden kann. Durch die Wochenplanarbeit werden die Schüler und ihre individuellen Lernprozesse fokussiert (vgl. Reich, 2007, S.3).

8. Wie sehen Kinder die Wochenplanarbeit?

Die bisherige Darbietung rückt die Wochenplanarbeit in ein äußerst positives Licht im Hinblick auf die pädagogischen Handlungsmöglichkeiten. Doch wie empfinden die Schüler die Wochenplanarbeit? Diese Frage wird im Folgenden exemplarisch beantwortet.

Die Beantwortung dieser Frage ist äußerst komplex. Mit Hilfe eines Fragebogens wurde versucht, erste Einblicke in die Schülerperspektive zu bekommen. Der Verfasser des Fragebogens merkte an, dass der Fragebogen einer Verbesserung bedarf. Nichtsdestotrotz liefert er umfassende Ergebnisse in Bezug auf die Wochenplanarbeit.

Etwa ein Viertel der Kinder gab an, nicht eigenständig mit der Wochenplanarbeit zu beginnen, sondern zu warten, bis Anweisungen durch die Lehrperson gegeben wurden. Dennoch geht ein Großteil der Schüler aktiv auf die offenere Unterrichtsform ein. Ein enormer Bestandteil der Wochenplanarbeit ist die Selbstkontrolle. Die Hälfte aller Schüler schreibt die Lösungen lediglich ab. Dies steht in einem direkten Zusammenhang mit dem Empfinden einer Überforderung. Schüler, die sich im Wochenplanunterricht überfordert fühlen, neigen eher dazu, die Lösungen schlichtweg zu kopieren. Mehr als die Hälfte der Schüler scheint durchaus zufrieden mit dem Unterrichtssetting der Wochenplanarbeit zu sein, da sie sich mehr Stunden für die Wochenplanarbeit wünschen. Dies bedeutet im

Umkehrschluss aber auch, dass eine geringe Anzahl an Schülern die Wochenplanarbeit als wenig sinnvoll erachtet. Auch Schüler nehmen Unterschiede zwischen Wochenplanarbeit und „anderem Unterricht" wahr. Im Gegensatz zu „anderem Unterricht" langweiligen sich die Schüler bei der Wochenplanarbeit nicht. Zudem wirkt der Wochenplanunterricht aufgrund der offenen Art der Angst vor Fehlern entgegen. Die Schüler empfinden den Wochenplan als eine Entlastung vom Leistungsdruck (vgl. Huschke, 1996, S.66 ff.). Obwohl der Wochenplan eine gezielte Förderung einzelner Schüler ermöglicht, fehlt einigen Schülern die direkte Interaktion mit der Lehrperson. Besonders „jüngere Kinder „brauchen" ihrer Lehrer, und nicht nur als „Person im Hintergrund"" (Huschke, 1996, S.77). In diesem Zusammenhang steht weiterhin die sofortige Rückmeldung. Beteiligt sich ein Schüler im Frontalunterricht, erhält er sofort eine Rückmeldung über seinen Beitrag. Das Fehlen dieser bemängeln die Schüler an der Wochenplanarbeit. Bestätigt wird dies von 83% der Schüler, welche die Rückmeldung des Lehrers der ihrer Mitschüler vorziehen. Dennoch gaben 46% der Schüler an, ihre Ergebnisse selbst zu kontrollieren (vgl. Huschke, 1996, S.79 ff.).

Zusammenfassend lässt sich festhalten, dass die Arbeit mit dem Wochenplan durchaus auf Schwierigkeiten stößt. Nichtsdestotrotz wird sie von den Schülern dem üblichen Frontalunterricht vorgezogen.

9. Fazit

„Wenn wir es schaffen, die Jungen und Mädchen in der freien Arbeit zu selbstständigem, selbstverantwortetem Lernen zu bringen, haben wir ihnen ein wesentliches Rüstzeug für Studium und Beruf mitgegeben: sich Ziele setzen, sich entscheiden, Prioritäten setzen, Arbeitstechniken anwenden, sich selbst kontrollieren, die Zeit einteilen…" (Jürgens, 1993, S. 50).

Dieses Zitat beinhaltet alle wichtigen Aspekte der Wochenplanarbeit. Die Schüler lernen frühzeitig an vorhandenen Materialien selbstständig Aufgaben zu lösen. Sie lernen, sich selbst ihre Zeit einzuteilen, ihre Ergebnisse selbst zu kontrollieren und mit anderen zu kooperieren. Es wurde gezeigt, dass Schüler bereits im Grundschulalter die Fähigkeiten zum selbstständigen Arbeiten besitzen. Infolgedessen ist die Wochenplanarbeit ein geeignetes Instrument, um die Selbstständigkeit der Schüler zu fördern.

Die Wochenplanarbeit ist nicht perfekt. Aber auf dem Weg hin zu einem lernförderlichen Unterricht, der alle Dimensionen des Menschen anspricht, wie Klafki fordert, ist die Wochenplanarbeit ein großer Schritt.

10. Literaturverzeichnis

Claussen, C. (1993). *Wochenplan- und Freiarbeit.* Braunschweig: Westermann.

Huschke, P. & Mangelsdorf, M. (1994). *Wochenplan-Unterricht. Praktische Ansätze zu innerer Differenzierung, zu selbständigem Lernen und zur Mitgestaltung des Unterrichts durch die Schüler* (5. Aufl.). Weinheim: Beltz.

Huschke, P. (1996). *Grundlagen des Wochenplanunterrichts. Von der Entdeckung der Langsamkeit.* Weinheim: Beltz.

Jürgens, U. (1993). *Differenzierung durch freie Arbeit – Utopie oder Wirklichkeit?.* In: Claussen, C.: Wochenplan- und Freiarbeit. Braunschweig. S. 46-53.

Klafki, W. (1991). *Neue Studien zur Bildungstheorie und Didaktik* (2. erw. Aufl.). Weinheim: Beltz.

Landwehr, N., Eschelmüller, M. & Koch, M. (1998). *Schritte zum selbstständigen Lernen. Eine praxisorientierte Einführung in den Lernplanunterricht.* Aarau: Sauerländer.

Reich, K. (Hg.). (2007).: *Methodenpool.* In: url: http://methodenpool.uni-koeln.de (Zugriff am: 19.04.2017)

11. Abbildungsverzeichnis

Abbildung 1:

Schäfer, S. (2011). *Der Wochenplangerator.* Zugriff am: 12.04.2017. http://www.zaubereinmaleins.de/kommentare/der-wochenplangenerator....483/

BEI GRIN MACHT SICH IHR WISSEN BEZAHLT

- Wir veröffentlichen Ihre Hausarbeit, Bachelor- und Masterarbeit

- Ihr eigenes eBook und Buch - weltweit in allen wichtigen Shops

- Verdienen Sie an jedem Verkauf

Jetzt bei www.GRIN.com hochladen und kostenlos publizieren